# Cuisine de la noix

Jean-Luc Toussaint

# Cuisine de la noix

46000 CAHORS
ISBN : 978.2.9137.0369.8

# SOMMAIRE

# LA NOIX

La noix, fruit du noyer, est composée de trois éléments. La première enveloppe ou péricarpe, porte le nom de brou. Elle est verte, molle et charnue.

Elle est utilisée comme teinture pour les cheveux ou le bois, et permet aussi de préparer une très bonne confiture et différentes boissons (voir p. 86 chapître *Confitures et alcools*).

La seconde enveloppe ou endocarpe, coquille, est ligneuse et d'une couleur brun à brun clair.

Enfin, le troisième éléments, le fruit en lui-même, le cerneau, formé de deux gros cotylédons d'une couleur blanc ivoire recouvert d'une peau blonde à brun foncé.

La noix est cultivée principalement dans deux régions, le Sud-Est et le Sud-Ouest de la France, et bénéficie de deux A. O. C. (Appelation d'origine controlée).

La « Noix de Grenoble », appelation obtenue en 1938, est vendue principalement en coque comme noix de table.

En mai 2002, par décret, les producteurs du Sud-Ouest ont vu leur travail récompensé par l'appelation «Noix du Périgord ». Cette appelation d'origine controlée à trouvé son prolongement le 20 août 2004 en se transformant en apellation d'origine protégée, consécration, à l'échelle européenne, d'un terroir et de variétés reconnues pour leur typicité ; la *Corne*, la *Marbot*, la *Grandjean* et la *Franquette*, la plus importante.

Ces noix peuvent être vendues jusqu'au 15 octobre de l'année de récolte, comme noix fraîche. Un emballage spécifique a été conçu pour la noix primeur A. O. C. : il s'agit d'une cagette verte en carton, dans laquelle le consommateur peut se servir librement.

Au-delà du 15 octobre et jusqu'au 31 décembre de l'année qui suit la récolte (soit 15 mois), la noix en coque et le cerneau sont vendus comme noix sèches.

*Au Moyen Âge, « L'école de Salerne », école de médecine, « tolérait une noix après le repas, deux tout au plus » et pensait même « qu'en consommer trois entraînerait les plus graves périls... »*

Consommée dés l'aube des temps, la noix est une véritable corne d'abondance.

En effet, la liste des minéraux et vitamines fournis par la noix est longue mais on peut retenir le potassium, le magnésium, le phosphore, le fer, le calcium, le zinc, le cuivre, les vitamines B9, B6, E, A... Elle apporte aussi des protéines (15,23 g pour 100 g) et des fibres.

Mais l'intérêt principal de la noix est sa richesse en acide gras dits *essentiels* car indispensable, dés le début de la vie, au développement du cerveau et de la rétine. Il s'agit principalement d'acide poly et mono insaturés et plus particulièrement d'*acide linoléique* et *alpha-linoléique* :

La noix en est riche à 72 %

- 60 % d'acide linoléique = AGE oméga-6 (21% dans l'huile d'olive)
- 12 % d'acide alpha linoléique = AGE oméga-3 (1,5 dans l'huile d'olive).

*5 noix (28 g) couvrent nos besoins quotidiens en ces deux acides.*

Les acides gras polyinsaturés participent au bon fonctionnement du système cardiovasculaire. Ils seraient particulièrement bénéfiques aux patients ayant eu un accident cardiaque.

Des études épidémiologiques récentes ont montré que la consommation régulière de noix ou d'huile de noix réduit d'une manière significative le risque d'accidents cérébraux et cardiaques ischémiques.

Selon l'*Adventist Health Study* (26743 sujets) le risque de coronarite et d'infractus est réduit de moitié chez les consommateurs réguliers.

De même la *Nurse Health Study* menée auprès de 80 000 femmes sur 14 ans a montré un risque relatif d'accident cardiaque réduit (diminution des risques de 35 %) chez les consommatrices régulières (Stampfer et coll. 1998).

Les résultats d'une étude clinique menée par le Centre des Lipides de Barcelone (publiée en juin 2000 : Zambon et All) ont montré que chez les personnes sujettent à hypercholestérolémie la substitution dans un régime méditerranéen d'une partie des acides gras monoinsaturés par des noix, accentue la baisse :

du cholestérol total (de 6 à 12 % en moyenne)

du LDL-cholestérol (4 à 8 %)

ainsi que des apoprotéines B et Lp (a) athérogène.

*Sources :*
Syndicat de défense de la Noix du Périgord.
*Site internet :*
www.noixdupérigord.com

# L'HUILE DE NOIX

Présenter un livre de gastronomie sur la noix sans évoquer sa transformation en huile aurait été dommage. En effet, son utilisation dans la cuisine mais aussi dans le domaine du sacré, comme source d'éclairage, son emploi dans la fabrication des peintures pour l'essentiel, sont connues depuis de nombreux siècles.

Sitôt la récolte terminée, les noix séchées mises en sacs sont dispersées dans les foyers des régions de production où, toujours manuellement, à l'aide d'un maillet, on brise la coquille d'un coup sec pour récupérer le fruit, si possible entier, à l'aide d'un petit couteau. Cette opération s'appelle *l'énoisage*. Le Périgord s'est fait une spécialité de cette activité et est aujourd'hui encore le principal producteur de cerneaux. Triés selon leur couleur et leur forme, ils sont utilisés entre autres par les confiseurs, les charcutiers ou les fabricants de fromages.

Naguère, à la saison, les dames *dénoisilleuses* allaient d'un village à l'autre, s'asseyant par beau temps devant la porte du client, le sac de noix à leurs pieds, avec pour tout matériel leur indispensable *tricot* ou maillet, et une planchette ou une pierre plate qu'elles posaient sur leurs genoux. Cette activité, aussi pratiquée en famille lors des veillées, était et reste une source de profit non négligeable.

Les cerneaux de qualité moyenne ou les brisures sont quant à eux destinés à la transformation en huile. écrasés et broyés sous des meules, ils permettent d'obtenir une pâte qui, chauffée ou non selon les régions, est ensuite pressée pour en extraire l'huile. Deux kilogrammes de cerneaux donnent en général un litre d'huile. Sa couleur est blonde à jaune-brun. Elle est très parfumée, à la saveur douce et agréable. On peut l'utiliser pour les sauces de salades et les cuissons. Elle aromatise délicieusement les plats cuisinés dont elle facilite la digestion et est recommandée, en fin filet, sur des légumes cuits à la vapeur et sur certains poissons. Elle est une des meilleures huiles de table, mais il faut toutefois veiller à ne pas l'utiliser pour des cuissons trop fortes. Elle possède une importante teneur en calories (900 cal. pour 100 g) et une très bonne valeur diététique grâce à sa teneur en vitamines et à la qualité de ses acides gras qui permettent de limiter le cholestérol. Sa consommation, très importante naguère par sa facilité d'auto-production, avait fortement diminué, mais la redécouverte de ses qualités et de l'excellence de son goût font à nouveau progresser ses ventes.

*Moulin de l'écomusée de la noix en Périgord*
*24250 Castelnaud la chapelle*

# SOUPES ET ENTRÉES

Soupe glacée de concombre
Soupe aux noix
Crème de fromage de chèvre frais
Cake aux olives, jambon et noix
Crêpes fourrées
Brik de chèvre aux noix
Endives en gratin de fromages et noix
Fonds d'artichauts au bleu et aux noix
Fromage de chèvre frais en chantilly
aux noix grillées salées
Mousse d'aubergines aux noix
Omelette au roquefort
Paupiettes de choux
Pain de chou-fleur
Quenelles aux noix
Quiche au roquefort et noix
Quiche d'automne
Quiche au chèvre
Terrine de foies de volaille aux noix
Tarte salée aux noix
Tourte aux pommes de terres
Salade de foies de volaille

# Soupe glacée de concombre

Pour 4 personnes
Préparation :15 min

*1 concombre*
*500 g de yaourt nature*
*50 g de cerneaux de noix*
*1 gousse d'ail*
*1/2 petit fenouil*
*Sel et poivre*
*Paprika et cumin*

- Pelez le concombre, coupez-le en deux dans la longueur pour enlever le cœur et les pépins, détaillez en petits dés et réservez.
- Hachez finement les cerneaux de noix avec la gousse d'ail.
- Émincez finement la moitié d'un petit fenouil.
- Fouettez le yahourt pour le rendre liquide.
- Mélangez le tout et placez au réfrigérateur.
- Salez, poivrez et rajoutez si vous le souhaité une pointe de paprika ou de cumin.

*Cette soupe se sert froide et si vous la trouvez un peu trop épaisse vous pouvez rajouter des glaçons.*

## Soupe aux noix

- Dans un mixer, hachez les cerneaux et la gousse d'ail préalablement pelée.
- Incorporez deux verres de bouillon tout en mixant l'ensemble pour obtenir un mélange homogène.
- Passez ensuite à la passoire fine.
- Versez ce mélange dans le reste de bouillon et laissez cuire à feu moyen jusqu'à ébullition.
- Ajoutez la crème, mélangez au fouet et laissez réduire 1 à 2 minutes. Salez et poivrez à votre convenance .

Pour 4 personnes
Préparation : 15 min
Cuisson : 15 min

*150 g de cerneaux de noix*
*1 gousse d'ail,*
*1 l de bouillon de volaille*
*15 cl de crème fraîche*
*Sel et poivre du moulin*

# Crème de fromage de chèvre frais

Pour 4 personnes
Préparation : 15 min
Cuisson : 15 min

*75 cl de bouillon de volaille*
*250 g de fromage de chèvre frais*
*20 cl de crème liquide*
*40 g de cerneaux de noix*
*Sel et poivre*

- Faites griller les cerneaux de noix 5 min sous le gril du four et laissez refroidir.
- Faites chauffer le bouillon de volaille, incorporez le fromage de chèvre et laissez fondre en mélangeant au fouet.
- Ajoutez la crème fraiche, laissez chauffer sans bouillir pour épaissir le mélange.
- Passez les cerneaux refroidis au mixer afin d'obtenir une poudre assez fine.
- Versez la soupe dans un mixer pour l'émulsionner.
- Dressez les assiettes de service avec la soupe, une cuillère de mousse et la poudre de noix.

*Cette crème peut se servir chaude ou froide.*

# Cake aux olives, jambon et noix

Pour 6 à 8 personnes
Préparation : 15 min
Cuisson : 45 min

*125 g de farine, 4 œufs,*
*100 g d'olives vertes dénoyautées*
*120 g de noix concassées*
*80 g de jambon en dés*
*80 g de chorizo*
*150 g de comté râpé*
*8 cl d'huile, 15 cl de lait*
*15 g de beurre*
*1 sachet de levure chimique*
*Sel, poivre*

- Préchauffez le four à 180° (th. 6).
- Dans un saladier, cassez les œufs, battez-les en omelette avec un fouet puis versez l'huile, le lait, salez, poivrez.
- Ajoutez petit à petit la farine tamisée et la levure.
- Travaillez cette pâte jusqu'à ce qu'elle soit lisse et onctueuse.
- Beurrez soigneusement un moule à cake.
- Égouttez les olives et incorporez-les délicatement à la pâte ainsi que les noix, le jambon, le chorizo en dés et le fromage râpé.
- Versez dans le moule à cake.
- Enfournez, laissez cuire 45 minutes en surveillant la cuisson.
- Laissez refroidir et démoulez.
- Servez accompagné d'une salade verte à l'huile de noix.

# Crêpes fourrées

Pour 6 personnes : soit 12 crêpes
Préparation : 30 min
Cuisson : 45 min

Pâte à crêpes :
*100 g de farine*
*30 cl de lait*
*2 œufs*
*10 g de beurre*
*5 cl d'huile*
*2 à 3 pincées de sel*
*1 pincée de sucre en poudre*

Garniture :
*400 g de comté*
*10 cl de vin blanc sec*
*1 gousse d'ail*
*1 c. à café de Kirsch*
*100 g de poitrine fumée*
*60 g de champignons de Paris*
*1 oignon*
*80 g de cerneaux de noix*

- Préparez votre pâte à crêpes ; pour cela, mettez la farine en fontaine dans un saladier, ajoutez le sel, les œufs, la moitié du lait et la pincée de sucre.
- Mélangez le tout au fouet pour obtenir une pâte lisse, ajoutez alors le restant de lait et laissez reposer 1 heure.
- Juste avant la cuisson, ajoutez le beurre fondu.
- Pendant ce temps, préparez la fondue en commençant par frotter le poêlon avec la gousse d'ail, puis versez le vin blanc, faites chauffer.
- Dès que le vin frémit, ajoutez 300 g de comté râpé, remuez jusqu'à l'obtention d'une pâte homogène, ajoutez le Kirsch et gardez au chaud.
- Dans une poêle, faites revenir au beurre l'oignon et les champignons finement émincés, ajoutez la poitrine fumée coupée en petits dés et enfin, la moitié des cerneaux finement hachés.
- Faites préchauffer votre four à 170° (th. 5 à 6).
- Faites cuire vos crêpes puis étalez sur chacune d'elles une belle cuillère de fromage fondu et de garniture de poitrine, champignons et cerneaux.
- Roulez vos crêpes fourrées, disposez-les dans un plat beurré allant au four et parsemez le tout du restant de fromage râpé et des cerneaux hachés.
- Faites gratiner 5 min et servez chaud.

# Brik de chèvre aux noix

Pour 4 personnes
Préparation : 15 min
Cuisson : 8 à 10 min

*4 cabecou frais*
*4 feuilles de brik*
*20 g de noix*
*Quelques brins de ciboulette et de persil*
*Huile de noix*

- Faites préchauffer le four à 180° (th. 6).
- Étalez les feuilles de brik pour les badigeonner légèrement d'huile de noix à l'aide d'un pinceau.
- Déposez un cabecou au centre de chaque feuille de brik, poivrez, saupoudrez de noix hachées finement et de ciboulette et persil ciselés.
- Repliez les feuille de brik en portefeuille et mettez à cuire au four 8 à 10 min en surveillant.
- Servez sur un lit de salade à l'huile de noix.

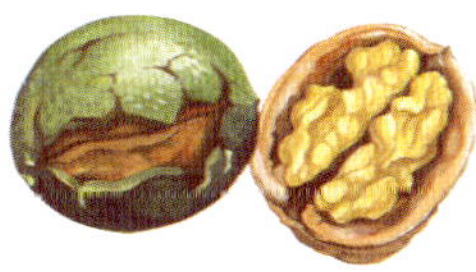

# Endives en gratin de fromages et noix

Pour 6 personnes
Préparation : 20 min
Cuisson : 15 + 15 min

*1,5 kg d'endives*
*33 cl de lait*
*60 g de beurre*
*60 g de farine*
*80 g de cerneaux de noix*
*50 g de gruyère râpé*
*50 g de roquefort*
*ou bleu d'Auvergne*
*Sel, poivre, noix muscade*

- Nettoyez les endives et prenez soin d'enlever le cœur à l'aide d'un couteau pointu.
- Faites-les cuire à la vapeur pendant 15 min, jusqu'à ce qu'elles soient tendres.
- Mettez-les à égoutter sur une serviette.
- Préchauffez votre four à 240° (th. 8).
- Pendant ce temps, faites fondre le beurre et ajoutez la farine ; quand le mélange s'épaissit, ajoutez le lait chaud petit à petit tout en remuant à l'aide d'une cuillère en bois et laissez cuire à feu doux pendant 5 minutes.
- Hors du feu, ajoutez les deux fromages, les noix concassées, une pincée de noix muscade, sel et poivre, tout en remuant.
- Dressez les endives égouttées dans un plat beurré allant au four, nappez de votre sauce, ajoutez par-dessus quelques noisettes de beurre et une poignée de gruyère râpé.
- Mettez au four pendant 15 min, en laissant gratiner.
- Servez chaud.

# Fonds d'artichauts au bleu et aux noix

- Nettoyez et lavez la salade.
- Lavez et essuyez le poivron que vous coupez en fines lamelles en prenant bien soin d'ôter les graines et les filaments blancs.
- Rincez puis laissez égoutter les fonds d'artichauts et réservez le tout.
- Préparez votre sauce d'accompagnement comme suit : dans un mixer, hachez très finement les noix auxquelles vous ajoutez le bleu d'Auvergne puis la cuillère de cognac, le jus de citron et enfin les cuillères d'huile que vous incorporez petit à petit jusqu'à obtenir une sauce onctueuse et lisse.
- Dans le plat de service, dressez la salade après l'avoir assaisonnée.
- Disposez les cœurs d'artichauts, le poivron émincé et les cerneaux.
- Versez à l'aide d'une petite cuillère la sauce au bleu dans les cœurs d'artichauts, saupoudrez de ciboulette hachée.
- Décorez à votre convenance, servez en proposant le reste de sauce au bleu à part.

Pour 6 personnes
Préparation : 15 à 20 min

*6 fonds d'artichauts en boîte*
*250 g de mâche,*
*60 g de cerneaux de noix*
*50 g de bleu d'Auvergne*
*1 petit poivron vert*
*5 c. à soupe d'huile de noix*
*1 c. à soupe de cognac*
*Le jus d'1/2 citron*
*Sel, poivre, ciboulette*

*Vinaigrette pour la salade :*
*2 c. à soupe d'huile de noix*
*1 c. soupe de vinaigre de vin*
*Sel et poivre*
*Quelques cerneaux pour le décor*

# Fromage de chèvre frais en chantilly aux noix grillées salées

Pour 4 personnes
Préparation : 20 min

*250 g de fromage de chèvre frais*
*80 g de crème fleurette très froide*
*40 g de cerneaux de noix*
*Sel et poivre*

- Faites griller les cerneaux sous le gril du four pendant 5 min et laissez refroidir.
- Dans un saladier, écrasez le fromage de chèvre.
- Dans un second saladier que vous aurez laissé au froid, montez la crème en chantilly et ajoutez au fromage en mélangeant délicatement, salez si nécessaire et poivrez.
- Dans les verres de service, déposez les cerneaux grillés, versez la chantilly de chèvre et parsemez de poudre de noix.

# Mousse d'aubergines aux noix

Pour 4 personnes
Préparation : 20 min
Cuisson : 25 + 10 min

*4 aubergines moyennes*
*60 g de cerneaux hachés*
*1/2 c. à café de quatre-épices*
*10 cl de crème fraîche*

- Préchauffez le four à 200° (th. 6 à 7).
- Lavez et essuyez les aubergines, puis coupez-les en deux dans le sens de la longueur.
- Enveloppez les aubergines dans des feuilles de papier aluminium et faites cuire au four pendant 25 min.
- Mixez les cerneaux de noix, ajoutez la chair des aubergines et mixez à nouveau pour obtenir un mélange homogène.
- Videz cette préparation dans un récipient, ajoutez la crème fraîche, le quatre-épices et salez à votre convenance.
- Versez cette préparation dans des petits ramequins et mettez au four 10 min pour réchauffer.

# Omelette au roquefort

- Dans un mixer, hachez finement les cerneaux de noix, puis ajoutez le roquefort et le lait, petit à petit, tout en continuant de mixer pour obtenir une crème homogène.
- Dans un saladier, cassez les œufs, battez-les au fouet puis incorporez la crème précédemment réalisée et continuez de battre.
- Faites chauffer le beurre dans une poêle et lorsqu'il est fondu, versez l'omelette et faites-la cuire à votre convenance.
- Servez aussitôt, accompagné d'une salade verte.

Pour 6 personnes
Préparation : 10 min
Cuisson : 8 min

*12 œufs*
*150 g de roquefort*
*80 g de cerneaux de noix*
*15 cl de lait*
*50 g de beurre*
*Sel et poivre*

# Paupiettes de choux

Pour 4 personnes
Préparation : 30 min
Cuisson : 6 + 30 min

*8 belles feuilles de chou vert*
*200 g de chair à saucisse*
*200 g de dés de jambon blanc*
*2 échalotes*
*100 g de noix*
*1 œuf*
*Quelques brins de persil et cerfeuil*
*20 cl de bouillon de volaille*

- Détachez 8 belles feuilles d'un chou vert, coupez les grosses nervures, faites blanchir 6 min à l'eau bouillante, plongez-les dans de l'eau très froide et laissez-les s'égoutter sur un torchon.
- Préchauffez le four à 180° (th. 6).
- Pendant ce temps, dans un saladier, mélangez la chair à saucisse, les dés de jambon, les échalotes, les noix hachées, l'œuf, le persil et le cerfeuil ciselés, salez et poivrez.
- Avec ce mélange, préparez des boulettes que vous enveloppez chacune de deux feuilles de chou.
- Versez le bouillon de volaille dans le plat à four et déposez les paupiettes.
- Enfournez et laissez cuire 30 min.
- Vous pouvez servir avec un filet de caramel de vin de noix.

# Pain de chou-fleur

Pour 6 personnes
Préparation : 30 min
Cuisson : 1 h

*1 beau chou-fleur*
*1,5 l de bouillon de volaille*
*1 tranche épaisse de jambon blanc (150 g)*
*100 g de pruneaux (sans noyau)*
*100 g de noix*
*6 œufs*
*15 cl de crème fraîche*
*Sel et poivre*
*Beurre pour le moule*

- Mettez les pruneaux à tremper dans un bol de thé.
- Détaillez le chou-fleur, enlevez les grosses côtes et mettez-le à cuire dans un bouillon de volaille pendant 10 min et laissez-le égoutter.
- Hachez finement au mixer le jambon, les cerneaux de noix et ajoutez le chou-fleur. Salez et poivrez cette purée.
- Dans un saladier, battez les œufs en omelette avec la crème fraîche, salez et poivrez.
- Incorparez cette préparation à la purée de chou-fleur et jambon, travaillez ce mélange.
- Faites préchauffer le four à 180° (th. 6).
- Beurrez un moule à cake.
- Détaillez les pruneaux en petits dés.
- Versez la moitié de la mousse dans le fond du moule, tapissez avec les dés de pruneaux et remplissez avec le reste de mousse.
- Mettez à cuire au four 1 heure en surveillant la cuisson.
- Laissez refroidir et placez au réfrigérateur

# Quenelles aux noix

Pour 6 personnes
Préparation : 20 min
Cuisson : 10 min

*150 g de farine*
*180 g de cerneaux de noix*
*2 c. à soupe d'huile*
*10 cl d'eau*
*Sel et poivre*

- Dans un mixer, hachez finement les cerneaux de noix.
- La veille, mélangez la farine dans un récipient avec l'huile, l'eau et la poudre de noix, assaisonnez à votre goût et laissez reposer une nuit entière.
- Le lendemain, formez avec cette pâte des quenelles ou des boules de la grosseur d'une noix, puis mettez-les à pocher 10 min à l'eau bouillante, égouttez rapidement.
- Servez les quenelles chaudes avec un coulis de tomate.

# Quiche au roquefort et noix

Pour 6 personnes
Préparation : 20 min
Cuisson : 35 à 40 min

*250 g de pâte brisée*
*200 g de roquefort*
*20 cl de crème fraîche*
*120 g de cerneaux de noix*
*4 œufs*
*100 g de gruyère râpé*
*Noix muscade*
*Poivre*

- Faites préchauffer votre four à 180° (th. 6).
- Dans un mixer, hachez finement les cerneaux de noix.
- Dans un récipient, émiettez finement le roquefort à l'aide d'une fourchette, allongez avec la crème fraîche et les œufs battus, puis incorporez le gruyère râpé et les cerneaux de noix hachés.
- Assaisonnez d'une pincée de noix muscade râpée et de poivre (ne salez pas à cause du roquefort).
- Abaissez la pâte brisée au rouleau et garnissez-en le fond d'un moule préalablement beurré.
- Piquez le fond de pâte à l'aide d'une fourchette et versez la préparation à base de fromages.
- Mettez à cuire au four pendant 35 à 40 min tout en surveillant la fin de cuisson.
- Servez aussitôt.

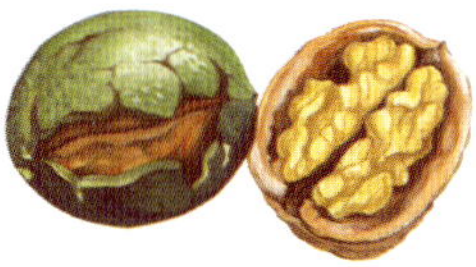

# Quiche d'automne

Pour 6 à 8 personnes
Préparation : 30 min
Cuisson : 10 + 20 min

*300 g de pâte brisée*
*100 g de lardons fumés*
*400 g de champignons mélangés (trompettes de la mort, cèpes, girolles, pieds de mouton, etc.)*
*60 g de noix concassées*
*3 échalotes*
*2 œufs + 2 jaunes d'œufs*
*30 cl de crème fraîche épaisse*
*1 c. à soupe de farine*
*1 c. à soupe d'huile de noix*
*1 c. à soupe d'huile de tournesol*
*Noix muscade*
*Sel et poivre*

- Garnissez un moule à tarte avec la pâte brisée que vous aurez préalablement étalée au rouleau, piquez le fond avec une fourchette et laissez reposer.
- Émincez les champignons après les avoir nettoyés, pelez et hachez les échalotes, coupez les lardons en petits dés.
- Il est recommandé de précuire le fond de tarte ; pour cela, faites préchauffer votre four à 180° (th. 6).
- Recouvrez la pâte d'une feuille de papier sulfurisé, remplissez de légumes secs et laissez cuire 10 min.
- Pendant ce temps, faites dorer les échalotes et les lardons dans le mélange des deux huiles, incorporez les champignons et poursuivez la cuisson à feu vif jusqu'à évaporation de l'eau, salez et poivrez.
- Battez les œufs entiers avec les jaunes, la crème fraîche et les noix concassées, salez, poivrez et ajoutez une pincée de noix muscade.
- Mélangez cette préparation avec les champignons et versez le tout sur le fond de tarte légèrement précuit.
- Mettez la quiche au four à 180° (th. 6) pendant 20 min, de manière à bien faire dorer le dessus.
- Servez-la bien chaude, accompagnée d'une salade verte à l'huile de noix.

# Quiche au chèvre

Pour 6 à 8 personnes
Préparation : 20 min
Cuisson : 30 min

*250 g de pâte brisée*
*250 g de fromage de chèvre frais*
*4 œufs*
*25 cl de crème liquide*
*100 g de cerneaux de noix*
*Sel et poivre*

- Faites préchauffer le four à 180° (th. 6).
- Étalée la pâte brisée et disposez-la dans un moule préalablement beurré.
- Piquez le fond de tarte, recouvrez d'une feuille de papier sulfurisé et de lentille ou haricots.
- Faites précuire à blanc le fond de tarte pendant 10 min.
- Pendant ce temps, mixez les cerneaux, ajoutez dans le mixer le fromage, les œufs, la crème liquide, sel, poivre et laissez tourner jusqu'à obtenir un mélange lisse.
- Versez ce mélange sur la pâte précuite.
- Mettez au four et laissez cuire 20 min.

# Terrine de foies de volaille aux noix

Pour 1 terrine de 8 à 10 personnes
Préparation : 25 min
Cuisson : 90 min

*500 g de gorge de porc hachée*
*300 g de foies de volaille*
*1 petit oignon*
*2 œufs*
*50 g de cerneaux de noix*
*5 cl de vin de noix*
*Sel et poivre*
*1 feuille de laurier*
*2 branches de thym*

*Pour la gelée :*
*15 cl de vin de noix*
*1 feuille de gélatine*

- Dans une jatte, mélangez le porc, les foies de volaille dénervés et hachés au couteau, l'oignon émincé, les œufs entiers, le vin de noix, le thym ciselé, les cerneaux concassés, salez et poivrez à votre goût.
- Préchauffez le four à 150° (th. 5).
- Versez le tout dans une terrine, décorez avec le laurier, recouvrez d'une feuille de papier aluminium et mettez à cuire au four, au bain-marie, pendant 90 min.
- Laissez refroidir hors du four puis placez la terrine au réfrigérateur pendant 3 h.
- Faites tremper la feuille de gélatine dans un bol d'eau froide puis essorez-la bien.
- Mettez le vin de noix à chauffer et dès qu'il commence à bouillir ajoutez la feuille de gélatine, mélangez et coupez le feu.
- Dégraissez le dessus et les côtés de la terrine et versez la gelée encore chaude.
- Remettez au réfrigérateur et gardez la terrine au frais pendant 24 h.

# Tarte salée aux noix

Pour 6 à 8 personnes
Préparation : 30 min
Cuisson : 30 min

*250 g de pâte brisée*
*1 kg d'oignons*
*50 g de beurre*
*200 g de cerneaux de noix*
*10 cl de vin blanc sec*
*Sel, poivre et cumin*

- Préchauffez le four à 180° (th. 6).
- Garnissez un moule à tarte avec la pâte brisée que vous aurez préalablement étalée au rouleau, piquez le fond avec une fourchette, recouvrez d'une feuille de papier sulfurisé et de lentilles ou haricots.
- Faites cuire à blanc le fond de tarte pendant 10 min.
- Pelez et émincez les oignons.
- Mixez les cerneaux de noix.
- Dans une poêle, faites fondre le beurre, versez les oignons, les cerneaux hachés, salez, poivrez, ajoutez une pincée de cumin et laissez revenir 5 minutes.
- Ajoutez le vin blanc et laissez cuire à nouveau 5 minutes.
- Versez cette préparation sur le fond de tarte et remettez au four pour 10 min.

# Tourte aux pommes de terres

Pour 6 personnes
Préparation : 30 min
Cuisson : 30 min

*1,5 kg de pommes de terre*
*2 ronds de pâte brisée*
*50 cl de crème liquide*
*100 g de cerneaux de noix hachés*
*Sel, poivre et noix de muscade*
*Persil et cerfeuil*
*Beurre pour le moule*
*1 jaune d'œuf pour la dorure*

- Épluchez et coupez les pommes de terre en fines lamelles.
- Rincez-les à l'eau froide et mettez à cuire 5 minutes à l'eau bouillante salée. Passez sous l'eau froide et égouttez.
- Beurrez le moule à tarte et déposez un premier rond de pâte brisée, piquez avec une fourchette.
- Disposez dans le fond du moule une première couche de pommes de terre, salez, poivrez et ajoutez une pincée de noix de muscade, saupoudrez de cerneaux, persil et cerfeuil hachés, finissez avec le reste de pommes de terre et versez la crème liquide.
- Disposez le second rond de pâte brisée, soudez les bords, dorez le dessus de la tourte avec le jaune d'œuf.
- Faites cuire au four pendant 30 min.

# Salade de foies de volaille

Pour 4 personnes
Préparation :15 min
Cuisson : 5 min

*300 g de foies de volaille*
*2 pommes Grany Smith*
*80 g de cerneaux de noix*
*200 g de mâche*
*Huile de noix et vinaigre*
*Quelques grains de raisin*

- Dans une poêle, faites revenir les foies de volaille dans un filet d'huile de noix.
- Essuyez les pommes et détaillez-les en fines lamelles en enlevant le cœur et les pépins.
- Au couteau, hachez les cernaux de noix.
- Dressez la salade dans les assiettes, répartissez les lamelles de pommes et les foies de volaille émincés.
- Arrosez d'un filet de vinaigrette préparée avec l'huile de noix, le vinaigre de votre choix, sel et poivre.
- Finissez avec les cernaux de noix et éventuellement quelques grains de raisin blanc.

# Poissons

Brandade de morue
Pavés de saumon en croûte de noix
Langoustines crème de cocos aux noix
Langoustines sauce aux noix
Moules farcies
Pommes de terre farcies

# Brandade de morue

Pour 4 personnes
Préparation : 45 min
Cuisson : 30 min

*800 g de filets de morue dessalée*
*20 cl d'huile de noix*
*250 g de pommes de terre*
*100 g de cerneaux de noix*
*20 cl de crème fraîche*
*2 gousses d'ail*
*Sel et poivre blanc*

- La veille, faites dessaler à l'eau froide les filets de morue en changeant l'eau plusieurs fois.
- Faites cuire les pommes de terre 15 min dans une casserole d'eau bouillante et après les avoir égouttées, écrasez-les à la fouchette et réservez.
- Coupez la morue en morceaux et faites pocher 8 min dans une casserole d'eau à petits frémissements.
- Égouttez les morceaux de morue et débarrassez-les de la peau et des arêtes qui pourraient subsister.
- Émiettez la morue à la fourchette en incorporant peu à peu la moitié de l'huile de noix et l'ail écrasé.
- Remettez sur le feu et à l'aide d'une cuillère en bois, travaillez le mélange à feu doux, incorporez le restant d'huile de noix jusqu'à obtenir une pâte fine.
- Retirez du feu et sans cesser de remuer ajoutez la purée de pommes de terre, la crème et les cerneaux de noix très finement hachés.
- Mélangez à nouveau le tout à petit feu, assaisonnez de sel et de poivre blanc.
- Dressez dans des petits ramequins individuels ou dans un plat et gardez au chaud au bain-marie.

# Pavés de saumon en croûte de noix

Pour 4 personnes
Préparation : 10 min
Cuisson : 10 min

*4 filets de saumon*
*100 g de cerneaux de noix*
*Huile d'olive*
*Sel et poivre*

- Faites préchauffer le four à 210° (th. 7).
- Dans une poêle, à feu moyen, faites cuire les pavés de saumon côté peau dans un filet d'huile d'olive pendant 5 minutes.
- Assaisonnez de sel et poivre.
- Disposez le saumon sur le côté peau dans un plat à four, salez et poivrez, recouvrez le côté chair d'une couche de cerneaux de noix hachés.
- Placez dans le four et laissez finir de cuire pendant 5 min.
- Servez sur un lit d'épinards.

# Langoustines crème de cocos aux noix

Pour 4 personnes
Préparation : 20 min
Cuisson : 5 min

*24 langoustines fraîches*
*200 g de cocos égouttés*
*60 g de cerneaux de noix*
*3 c. à café de vin de noix*
*Huile de noix*
*Sel et poivre*

- Mixez les cocos.
- Hachez les cerneaux de noix en poudre.
- Dans une casserolle, faites réchauffer la pâte de cocos, ajoutez la crème fraîche et le vin de noix, rectifiez l'assaisonnement, laissez cuire quelques instants pour que la crème épaississe, puis passez au chinois.
- À l'aide d'une paire de ciseaux, décortiquez les queues de langoustines et nettoyez-les.
- Faites-les revenir à la poêle dans un filet d'huile.
- Passez la crème de cocos au mixer pour l'émulsionner.
- Dressez les assiettes avec un fond de crème de cocos, disposez les queues de langoustines, la mousse de la crème, la poudre de noix.

# Pommes de terre farcies

Pour 4 personnes
Préparation : 20 min
Cuisson : 30 min

*8 pommes de terre (Rosevals)*
*250 g de saumon*
*40 g de cerneaux de noix*
*2 c. à soupe de crème fraîche*
*1 œuf*
*1 brin d'aneth*
*10 cl de fumet de poisson*
*Sel et poivre*

- Pelez les pommes de terre, coupez le dessus, évidez l'intérieur délicatement sans percer.
- Préchauffez le four à 210° (th. 7)
- Coupez le saumon en petits dés, mélangez avec la crème fraîche, l'œuf et le brin d'aneth ciselé, les cerneaux mixés en poudre, salez et poivrez.
- Salez et poivrez l'intérieur des pommes de terre, remplissez avec la farce, posez le chapeau de pomme de terre.
- Disposez les pommes de terre farcies dans un plat à four, mouillez avec le fumet de poisson et faites cuire au four 30 à 35 min.

# Viandes

# Canard aux figues pochées au vin de noix

Pour 6 personnes
Préparation : 20 min
Cuisson : 15 min

*3 magrets de canard*
*12 figues fraîches*
*25 cl de vin de noix*
*75 g de cerneaux de noix*
*3 c. à soupe de crème fraîche*
*Sel et poivre*

- Incisez la peau des magrets (sans toucher la chair) en dessinant un quadrillage.
- Ôtez la queue des figues et à l'aide d'un couteau, faites quatre petites incisions verticales sur chacune d'elles.
- Dans une casserole, versez le vin de noix et faites chauffer.
- Dès qu'il commence à frémir, mettez les figues à pocher en surveillant la cuisson pour ne pas qu'elles s'écrasent.
- Sortez-les délicatement à l'aide d'une écumoire, réservez au chaud.
- Faites réduire le vin de noix de moitié, ajoutez la crème, les cerneaux de noix et laissez cuire 5 min à feu moyen.
- Pendant ce temps, dans une sauteuse, faites cuire à feu moyen les magrets, 5 min du côté peau puis 3 min sur l'autre face.
- Découpez les magrets en tranches épaisses et dressez vos assiettes et versez un trait de sauce.

# Casserole d'escargots aux noix

- Dans un grande casserole, préparez le court-bouillon en incorporant tous les ingrédients ci-dessus.
- Laissez cuire à petit bouillon pendant 10 min.
- Plongez les escargots bien égouttés, laissez mijoter à feu doux pendant 10 min.
- Égouttez à nouveau les escargots, filtrez le court-bouillon à la passoire fine et réservez.
- Dans une casserole, faites fondre le beurre et laissez revenir les escargots 3 min, ajoutez la moitié du court-bouillon et laissez réduire à nouveau.
- Incorporez la crème fraîche en maintenant à ébullition pour réduire encore la sauce de manière à ce qu'elle devienne onctueuse, ajoutez les noix hachées, laissez chauffer sans bouillir.
- Rectifiez l'assaisonnement et servez très chaud.

Pour 6 personnes
Préparation : 15 min
Cuisson : 25 min

*6 douzaines d'escargots en conserve*
*100 g de cerneaux de noix*
*50 g de beurre*
*250 g de crème fraîche*

Court-bouillon :
*50 cl de vin blanc sec*
*50 cl d'eau*
*3 petites carottes*
*3 oignons*
*Persil, 1 feuille de laurier*
*1 branche de thym*
*Sel et poivre*

# Daube de canard au vin de noix

**Pour 4 personnes**
**Préparation : 15 min**
**Cuisson : 70 min**

*4 cuisses de canard*
*1 c. à soupe de graisse de canard*
*100 g de petits oignons*
*2 gousses d'ail*
*2 carottes,*
*75 cl de vin de noix*
*2 c. à café de fond de volaille*
*100 g de cerneaux de noix*
*8 pruneaux dénoyautés*
*1 bouquet garni*

- Dans une cocotte en fonte, faites fondre la cuillère de graisse à feu moyen, mettez à dorer les cuisses de canard en commençant par le côté peau pendant environ 10 min, salez, poivrez.
- Pendant ce temps, pelez les petits oignons, les gousses d'ail et les carottes que vous coupez en petites rondelles.
- Sortez les cuisses de la cocotte et réservez-les.
- Videz l'excédent de graisse, versez les oignons et les carottes, faites-les suer pendant 3 min.
- Ajoutez le vin de noix, les cuisses, le bouquet garni, baissez le feu, couvrez et laissez mijoter pendant 45 min.
- Retirez le bouquet garni, incorporez le fond de volaille, mélangez bien le tout, ajoutez les cerneaux et les pruneaux et laissez cuire pendant 10 min.
- Servez en accompagnant avec une poêlée de cèpes.

*Remarques :*
- *Il est préférable, comme pour tous les plats mijotés, de préparer cette daube la veille.*
- *Si elle vous paraît trop sucrée, vous pouvez remplacer la moitié du vin de noix par du vin rouge.*

# Émincé de volaille aux noix

Pour 4 personnes
Préparation : 20 min
Cuisson : 20 min

*500 g de blancs de poulet*
*200 g de champignons de paris*
*1 petit oignon*
*80 g de cerneaux de noix*
*5 cl de vin de noix*
*50 g de crème fraîche*
*1 c. à soupe de jus d'orange*
*60 g de beurre*
*Sel et poivre*

- Dans un mixer, hachez grossièrement les cerneaux de noix.
- Épluchez et émincez finement l'oignon.
- Nettoyez et coupez les champignons en lamelles.
- Émincez les filets de poulet.
- Dans une sauteuse, faites chauffer la moitié du beurre, puis faites revenir la viande pendant 5 min en remuant régulièrement, salez et poivrez.
- Dans une poêle, faites cuire à feu doux les champignons avec le reste de beurre, à couvert pendant 3 min.
- Quand la viande est dorée, ajoutez l'oignon et laissez fondre.
- Ajoutez alors le vin de noix, le jus d'orange, les noix et laissez cuire à feu doux pendant 5 min.
- Ajoutez la crème fraîche, remuez pour bien mélanger et versez les champignons, salez et poivrez.
- Couvrez et laissez mijoter pendant 5 min toujours à feu doux.
- Versez le tout dans un plat chaud et servez.

# Palette de porc au miel

Pour 6 personnes
Préparartion : 15 min
Cuisson : 60 + 40 min

*1 palette de porc demi-sel*
*18 gros pruneaux*
*100 g de cerneaux de noix*
*150 g de miel liquide (acacia)*
*3 c. à soupe de vinaigre de Xérès*
*Le jus d'1 orange*
*5 clous de girofle*
*1 bouquet garni*
*quelques brins de romarin*
*Poivre en grains*

- La veille, mettez la palette de porc à dessaler dans l'eau froide ; renouvelez l'eau au moins deux fois.
- Le lendemain, mettez votre viande à cuire 60 min dans l'eau avec le bouquet garni et une vingtaine de grains de poivre.
- Préchauffer votre four à 180° (th. 6).
- Dans un bol, mélangez le jus d'orange, le miel et le vinaigre.
- Après avoir égoutté et séché la viande, placez-la dans un plat allant au four, piquez-y les clous de girofle, saupoudrez de romarin haché et arrosez avec la préparation au miel.
- Mettez à cuire au four pendant 30 min en arrosant régulièrement de jus pendant la cuisson.
- Pendant ce temps, hachez grossièrement les cerneaux de noix.
- Retirez le plat du four, arrosez une dernière fois avec le jus, recouvrez avec la poudre de noix, disposez les pruneaux autour de la palette et remettez à cuire 10 min.

# Perdreaux farcis aux noix

- Faites macérer les grains de raisins secs dans le cognac 30 min avant de préparer les perdreaux.
- Pendant ce temps, épluchez et émincez les oignons.
- Concassez les noix grossièrement et hachez finement au couteau les cœurs et les foies des perdreaux.
- Faites égoutter les raisins et mélangez-les au hachis de cœurs, de foies et de cerneaux concassés, salez et poivrez.
- Garnissez l'intérieur des perdreaux avec cette farce, puis ficelez chacun d'eux dans une barde de lard, salez et poivrez.
- Dans une cocotte en fonte, faites fondre le beurre avec un peu d'huile et déposez les perdreaux pour les faire bien dorer, puis ajoutez la carotte émincée, les oignons, les feuilles de laurier et le thym.
- Mouillez d'un peu de vin blanc sec, couvrez et laissez cuire à feu doux 30 min.
- En fin de cuisson, arrosez avec le cognac (chaud) ayant servi à faire mariner les raisins et faites flamber.
- Dressez les perdreaux à même votre plat de service ou sur des tranches de pain de seigle légèrement dorées.

Pour 6 personnes
Préparation : 20 min
Cuisson : 40 min

*6 petits perdreaux*
*6 bardes de lard*
*200 g de cerneaux de noix*
*150 g de raisins secs*
*10 cl de cognac*
*50 g de beurre*
*Huile*
*1/2 verre de vin blanc sec*
*1 carotte*
*2 oignons*
*2 feuilles de laurier*
*Thym*
*Sel et poivre*

# Poitrine de veau farcie aux noix

Pour 6 personnes
Préparation : 20 min
Cuisson : 1 h 45

*1,5 kg de poitrine de veau désossée*
*100 g de bleu d'Auvergne*
*1 œuf*
*100 g de cerneaux de noix*
*5 tranches de bacon*
*2 c. à soupe de persil*
*1 crépine de porc*
*1 c. à soupe d'huile*
*40 g de beurre*
*15 cl de vin blanc sec*
*1 branche de thym*
*1 feuille de laurier*
*Sel et poivre*

- Dans un bol, émiettez le fromage et mélangez avec l'œuf, puis ajoutez les cerneaux, le bacon, le persil, que vous aurez préalablement passés au mixer ; poivrez.
- Préchauffez votre four à 220° (th. 7 à 8).
- Étalez la farce sur la poitrine de veau ouverte à plat.
- Roulez la viande farcie sur elle-même, ficelez-la après l'avoir enveloppée avec la crépine de porc.
- Placez la poitrine farcie dans un plat allant au four, mouillez avec le vin blanc.
- Versez l'huile et déposez le beurre en petites noix sur la viande, salez, poivrez, parsemez de thym et placez la feuille de laurier sur le tout.
- Mettez au four et laissez cuire 1 h 45 en prenant soin d'arroser fréquemment.
- Servez chaud ou froid, coupé en tranches et accompagné d'une salade verte.

# Desserts

Crème aux noix
Crème brûlée aux noix
Cake aux pruneaux et noix
Cake aux noix et figues
Charlotte aux noix
Crumble d'abricots et pêches aux noix
Crêpes soufflées au miel et noix
Gâteau aux noix
Gâteau au chocolat et noix
Gâteau meringué à la crème de noix
Glace aux noix
Tarte aux pommes pochées au vin de noix
Poires farcies
Tarte aux noix
Tartelettes au caramel et noix
Soufflé aux noix

# Crème aux noix

Pour 4 personnes
Préparation : 10 min
Cuisson : 8 min

*50 cl de lait*
*2 jaunes d'œufs*
*100 g de sucre*
*25 g de maïzena*
*100 g de crème fraîche*
*60 g de cerneaux de noix*

- Dans une casserole, faites bouillir la moitié du lait avec le sucre.
- Pendant ce temps, dans un bol, délayez les jaunes avec le reste de lait, puis ajoutez la Maïzena.
- Versez ce mélange dans le lait bouillant petit à petit tout en remuant, laissez cuire 2 à 3 min à feu moyen sans arrêter de remuer jusqu'à obtenir la consistance d'une crème pâtissière.
- Pendant ce temps, hachez très finement vos cerneaux de noix et fouettez la crème fraîche en chantilly.
- Une fois la crème pâtissière refroidie, incorporez les noix hachées puis la crème chantilly, mélangez délicatement l'ensemble jusqu'à obtenir une crème onctueuse et homogène.
- Mettez au réfrigérateur et servez frais.

# Crème brûlée aux noix

Pour 4 personnes
Préparation : 10 min
Cuisson : 45 min

*3 jaunes d'œufs*
*60 g de sucre semoule*
*5 cl lait*
*30 cl de crème fleurette*
*2 c. à café de vin de noix*
*100 g de cerneaux de noix*
*100 g de cassonade*

- Faites préchauffer le four à 100° (th. 3 à 4).
- Versez dans un saladier les 3 jaunes d'œufs et le sucre semoule, mélangez énergiquement au fouet.
- Ajoutez la cème fleurette et le lait en fouettant vivement.
- Versez les deux cuillères de vin de noix et les cerneaux très finement hachés sans cesser de mélanger.
- Versez cette préparation dans des petits plats en porcelaine et faites cuire 45 min au four.
- Laissez bien refroidir et placez au refrigerateur.
- Juste avant de servir, saupoudrez de cassonade et placez sous le gril du four bien chaud pour faire carameliser la surface.

# Cake aux pruneaux et noix

Pour 8 à 10 personnes
Préparation : 10 min
Cuisson : 40 min

*125 g de cerneaux de noix*
*200 g de pruneaux*
*125 g de beurre*
*200 g de sucre en poudre*
*5 œufs*
*100 g de poudre d'amande*
*2 cl de cognac*
*80 g de farine*
*2 g de levure chimique*

- Dans un récipient, travaillez le beurre réduit en pommade avec le sucre jusqu'à obtention d'un mélange crémeux.
- Incorporez les œufs entiers un à un en continuant de mélanger, puis versez la poudre d'amande, la farine en pluie fine et la levure chimique ainsi que le cognac ; travailler le mélange.
- Hachez finement les cerneaux de noix.
- Dénoyautez les pruneaux et coupez-les en 4.
- Faites préchauffer votre four à 180° (th. 6).
- Ajoutez les cerneaux hachés et les dés de pruneaux au mélange.
- Versez l'ensemble dans un moule à cake préalablement beurré.
- Enfournez et laissez cuire environ 40 min, en surveillant la cuisson.
- Sortez du four, laissez refroidir et démoulez.

# Cake aux noix et figues

Pour 8 à 10 personnes
Préparation : 10 min
Cuisson : 40 min

*125 g de beurre*
*150 g de sucre en poudre*
*3 œufs*
*150 g de farine*
*3 g levure chimique*
*10 cl de café fort*
*200 g de figues sèches*
*100 g de cerneaux de noix*
*30 g de pépites de chocolat*

- Dans un récipient, mélangez au fouet le beurre ramolli et le sucre pour obtenir un mélange blanchâtre et crémeux.
- Incorporez les œufs un par un tout en continuant de battre.
- Versez la farine et la levure chimique en pluie fine en continuant de travailler au fouet.
- Ajoutez le café.
- Faites préchauffer votre four à 180° (th. 6).
- Coupez les figues en petits dés, hachez les cerneaux de noix.
- Incorporez tout ceci à la pâte sans oublier les pépites de chocolat ; mélangez bien le tout.
- Versez dans un moule à cake préalablement beurré.
- Enfournez et laissez cuire 40 min, jusqu'à ce que le cake soit bien doré et gonflé.
- Laissez refroidir et démoulez.

# Charlotte aux noix

Pour 8 personnes
Préparation : 30 min

Crème anglaise :
*3 jaunes d'œufs*
*20 g de sucre en poudre*
*25 cl de lait*
*50 g de miel*

*2 feuilles de gélatine*
*20 cl de crème liquide*
*100 g de cerneaux de noix finement hachés*
*5 cl d'eau-de-vie de noix*

*250 g de biscuits à la cuillère*

- Faites tremper les feuilles de gélatine à l'eau froide.
- Faites chauffer le lait avec le miel en mélangeant bien le tout.
- Fouettez les jaunes d'œufs avec le sucre jusqu'à ce que le mélange blanchisse.
- Versez dans le lait chaud en remuant avec une cuillère en bois et laissez épaissir sans bouillir (la crème doit napper la cuillère).
- Mélangez les feuilles de gélatine bien égouttées à la crème anglaise, ajoutez la crème liquide très froide fouettée puis les cerneaux hachés et l'eau-de-vie de noix.
- Tapissez le fond et les parois d'un moule à charlotte avec les biscuits à la cuillère.
- Versez la moitié de la crème refroidie dans le fond du moule, recouvrez d'une couche de biscuits, versez par dessus le reste de crème et finissez en recouvrant avec les derniers biscuits.
- Mettez au réfrigérateur pendant 12 heures.

# Crumble d'abricots et pêches aux noix

Pour 6 personnes
Préparation : 30 min
Cuisson : 30 min

Pour le crumble :
*250 g de farine*
*100 g de beurre ramolli*
*100 g de sucre*
*100 g de cerneaux de noix très finement hachés*

*500 g d'abricots (sans les noyaux)*
*250 g de pêches*
*100 g de cerneaux de noix*

*Beurre pour le moule*

- Dans un saladier, versez la farine tamisée ajoutez le beurre ramolli, le sucre et la poudre de noix et mélangez l'ensemble jusqu'à ce que le mélange devienne sableux.
- Faites préchauffer le four à 180° (th. 6).
- Épluchez les fruits, enlevez les noyaux et coupez-les en morceaux.
- Disposez-les dans le moule préalablement beurré avec les cerneaux de noix.
- Émiettez la pâte à crumble sur le dessus en une couche épaisse.
- Faites cuire 30 min en laissant bien dorer la croûte.

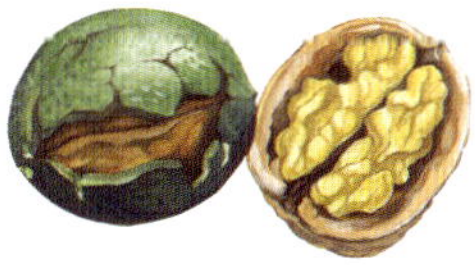

# Gâteau au chocolat et noix

Pour 8 personnes
Préparation : 20 min
Cuisson : 30 min

*125 g de cerneaux de noix*
*125 g de beurre*
*125 g de chocolat à fondre*
*125 g de sucre en poudre*
*50 g de farine*
*3 œufs*
*1 pincée de sel*

- Faites fondre le chocolat au bain-marie.
- Dans un récipient, travaillez le beurre ramolli avec le sucre, puis incorporez les œufs entiers un à un en mélangeant sans cesse.
- Versez la farine et la levure chimique en pluie fine, le sel, le chocolat fondu puis les cerneaux de noix hachés.
- Mélangez bien pour obtenir une pâte homogène.
- faites préchauffer votre four à 210° (th. 7).
- Versez votre mélange dans un moule à manqué beurré.
- Enfournez et laissez cuire 25 à 30 min.
- Vérifiez la cuisson à l'aide de la pointe d'un couteau.
- Laissez refroidir et démoulez.

# Gâteau meringué à la crème de noix

Pour 8 personnes
Préparation : 40 min
Cuisson : 60 min

*5 blancs d'œufs*
*125 g de sucre en poudre*
*125 g de cerneaux de noix*

Crème de noix :
*50 cl de lait*
*6 jaunes d'œufs,*
*120 g de sucre en poudre*
*60 g de farine*
*1 sachet de sucre vanillé,*
*250 g de cerneaux de noix*
*250 g de beurre*

- Dans un mixer, passez la totalité des cerneaux de noix à la râpe fine pour obtenir une poudre légère.
- Réservez 250 g de cette poudre de noix pour la crème.
- Commencez à monter les blancs d'œufs en neige avec une partie du sucre en poudre, fouettez énergiquement puis incorporez le reste de sucre, la poudre de noix très fine (tamisée), en coupant et soulevant la pâte jusqu'à ce qu'elle devienne homogène.
- Faites préchauffer votre four à 150° ( th. 5).
- Sur un papier sulfurisé légèrement beurré, dressez la pâte à la poche à douille en forme de spirale pour obtenir deux disques de 22 cm de diamètre.
- Enfournez les disques et laissez cuire et sécher 50 à 60 min.
- Pendant ce temps, faites bouillir le lait.
- Dans un récipient, travaillez au fouet les jaunes d'œufs avec le sucre vanillé, incorporez, tout en battant, la farine en pluie fine, versez le lait bouillant par dessus en fouettant vivement.
- Remettez le tout à cuire à feu moyen pendant 3 min tout en remuant sans faire bouillir et laissez refroidir.
- Dressez le premier disque sur le plat de service, étalez la crème patissière dessus, posez le second disque et décorez avec du sucre glace et des cerneaux entiers.

# Glace aux noix

Pour 6 personnes
Préparation : 30 min

*1 l de lait*
*200 g de cerneaux de noix*
*250 g de sucre en poudre*
*12 jaunes d'œufs*

- Faites bouillir le lait avec la moitié du sucre et les cerneaux de noix hachés.
- Laissez infuser à feu doux pendant 20 min et retirez les noix.
- Pendant ce temps, dans un récipient, battez au fouet les jaunes et le restant de sucre jusqu'à obtenir un mélange blanchi et homogène.
- Versez dessus le lait bouillant, petit à petit, sans arrêter de mélanger vigoureusement au fouet afin d'éviter la coagulation des jaunes.
- Remettez à cuire à feu doux sans bouillir, comme pour une crème anglaise.
- Passez la crème au chinois puis incorporez la moitié des cerneaux.
- Versez dans une sorbetière, puis une fois la glace prise, mettez au congélateur.
- Sortir la glace du congélateur et la placer au réfrigérateur au moins 20 min avant de servir.

# Tarte aux pommes pochées au vin de noix

Pour 8 personnes
Préparation : 20 min
Cuisson : 15 + 15 min

*250 g de pâte feuilletée*
*4 pommes Royal Gala*
*50 cl de vin de noix*
*2 sachets de sucre vanillé*
*8 cerneaux de noix*

- Faites préchauffer votre four à 210° (th. 7).
- Étalez la pâte feuilletée au rouleau sur une table farinée.
- Placez-la dans le moule à tarte préalablement beurré et fariné, puis piquez-la à l'aide d'une fourchette.
- Mettez-la à cuire à blanc pendant 15 min après avoir posé sur le fond de tarte un disque de papier sulfurisé sur lequel vous versez des légumes secs (lentilles ou haricots).
- Pendant ce temps, pelez les pommes, enlevez les cœurs et coupez-les en 8.
- Dans une casserole assez grande, faites bouillir le vin de noix puis mettez à pocher les morceaux de pommes pendant 15 min.
- Retirez les pommes pochées à l'aide d'une écumoire et laissez-les s'égoutter sur une assiette.
- Remettez la casserole sur le feu et laissez le vin de noix réduire jusqu'à obtenir un mélange sirupeux.
- Hachez finement les cerneaux de noix.
- Sortez la pâte feuilleté du four ; à l'aide d'un pinceau, étalez une partie du sirop de vin de noix, saupoudrez de noix hachées, puis placez les quartiers de pommes à votre convenance ; nappez du reste de sirop et remettez la tarte à cuire pendant 10 min.

# Poires farcies

Pour 6 personnes
Préparation : 20 min
Cuisson : 20 min

*6 grosses poires*
*50 g de miel*
*75 g de cerneaux de noix*
*50 g de raisins secs*
*1 citron*
*20 cl d'eau*

Pour le sirop :
*20 g de miel*

- Épluchez les poires en conservant la queue.
- Coupez-les dans le tiers supérieur et évidez-les à l'aide d'une cuillère pour enlever les pépins et le cœur.
- Hachez les cerneaux de noix et mélangez-les avec les raisins et le miel.
- Garnissez l'intérieur des poires avec cette farce.
- Recouvrez-les avec leur chapeau formant un couvercle.
- Faites préchauffer votre four à 180° (th. 6).
- Dans un plat allant au four, disposez les poires, mouillez-les avec l'eau et arrosez-les avec le jus du citron.
- Enfournez et laissez cuire environ 20 min en vérifiant la cuisson des poires à l'aide de la pointe d'un couteau.
- Dans une casserole, faites réduire le jus de cuisson des poires et le miel jusqu'à obtenir un sirop épais.
- Dressez les poires chaudes sur un plat de service et nappez avec le sirop.

# Tarte aux noix

Pour 8 personnes
Préparation : 20 min
Cuisson : 40 min

*250 g de pâte sablée*
*150 g de cerneaux de noix*
*100 g de sucre en poudre*
*250 g de crème fraîche*
*2 œufs*
*1 c. à café de cannelle en poudre*

- Étalez la pâte sablée au rouleau à pâtisserie sur une épaisseur de 5 mm.
- Garnissez-en un moule à tarte préalablement beurré.
- Dans un mixer, hachez les cerneaux de noix en réservant 8 d'entre eux pour le décor.
- Faites préchauffer votre four à 180° (th. 6).
- Dans un saladier, battez les œufs entiers avec le sucre en poudre pour obtenir un mélange nappeux et blanchâtre.
- Ajoutez la crème fraîche, la cannelle en poudre, les cerneaux hachés et mélangez bien pour obtenir une crème homogène.
- Versez sur le fond de pâte et mettez à cuire 40 min.
- En fin de cuisson, saupoudrez de sucre glace et décorez avec les cerneaux entiers.

# Tartelettes au caramel et noix

Pour 4 personnes
Préparation : 20 min
Cuisson : 15 min

*250 g de pâte sablée*
*250 g de cerneaux de noix*
*200 g de sucre en poudre*
*10 cl d'eau*
*5 cl de liqueur de noix*
*200 g de crème fraîche liquide*

- Faites préchauffer votre four à 200° (th. 6 à 7).
- Étalez la pâte sablée et découpez 4 disques au format de vos moules.
- Disposez-les dans les 4 moules à tartelette préalablement beurrés.
- Mettez ces pâtes à cuire à blanc pendant 20 min après avoir posé sur chaque fond un disque de papier sulfurisé sur lequel vous versez des légumes secs (lentilles ou haricots).
- Laissez les tartelettes refroidir puis démoulez.
- Étalez les cerneaux de noix sur les fonds précuits en veillant à la présentation.
- Dans une casserole, préparez votre caramel avec le sucre en poudre, l'eau et la liqueur de noix.
- Laissez cuire à feu moyen et lorsqu'il est légèrement ambré ajoutez la crème fraîche en remuant pour obtenir un mélange homogène.
  Versez le caramel mou ainsi obtenu sur les noix.
- Laissez refroidir et servez.

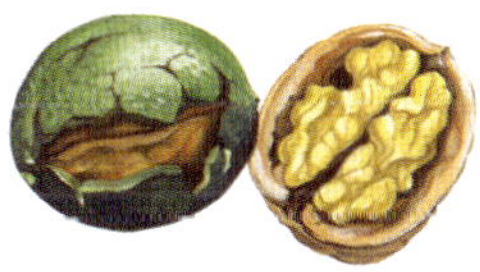

# Soufflé aux noix

Pour 6 personnes
Préparation : 20 min
Cuisson : 30 min

*100 g de cerneaux de noix*
*75 cl de lait*
*80 g de sucre en poudre*
*100 g de semoule de blé*
*3 œufs*

- Hachez finement les cerneaux de noix.
- Faites bouillir le lait avec le sucre puis versez la semoule en pluie fine et laissez cuire jusqu'à ce que cette dernière ait gonflé.
- Sortez du feu, ajoutez les cerneaux concassés et les jaunes d'œufs ; laissez refroidir.
- Faites préchauffer votre four à 180° (th. 6).
- Pendant ce temps, montez les blancs d'œufs en neige ferme et ajoutez délicatement à la préparation précédente (froide).
- Versez le tout dans un moule à soufflé beurré et sucré, puis mettez à cuire au bain-marie et laissez monter.
- Surveiller la cuisson car elle dépend de la grosseur des moules.
- Servez chaud aussitôt.

# BISCUITS ET CONFISERIES

Cookies aux noix
Macarons aux noix
Meringues aux noix
Noix déguisées
Tuiles aux noix

# Tuiles aux noix

Pour 6 personnes
Préparation : 15 min
Cuisson : 5 min

*75 g de cerneaux de noix*
*75 g de farine tamisée*
*2 œufs,*
*125 g de sucre en poudre*
*1 sachet de sucre vanillé*
*40 g de beurre*
*Sel*

- Râpez les cerneaux de noix à la grille fine du mixer pour obtenir une poudre fine.
- Préchauffez votre four à 230° (th. 7 à 8).
- Dans un récipient, mélangez au fouet le sucre, le sucre vanillé, la farine, les œufs et une pincée de sel.
- Ajoutez le beurre fondu et la poudre de noix (il est préférable que le mélange soit fait un peu à l'avance).
- À l'aide d'une cuillère à soupe, faites des petits tas de pâte sur une plaque beurrée et farinée.
- Étalez à l'aide d'une fourchette mouillée.
- Faites cuire 5 min au four jusqu'à coloration de la pâte.
- Retirez les biscuits de la plaque avec une palette et renversez-les dans une gouttière à tuiles ou déposez-les sur un rouleau pour qu'ils prennent forme en refroidissant.
- Servez en accompagnement d'un entremet ou d'un sorbet.

# CONFITURES ET ALCOOLS

Confiture de noix vertes
Confiture de noix
Liqueur de brou de noix
Vin de noix
Vin de feuilles de noyer
Vin de chatons de noyer

## Confiture de noix vertes

*1 kg de noix vertes*
*1 kg de sucre en poudre*
*1 bâton de cannelle*

- Cueillez les noix vertes à la Saint-Jean.
- Vérifiez qu'elles soient assez tendres et que la coquille ne soit pas formée en les perçant à l'aide d'une aiguille.
- Lavez les noix vertes, puis plongez-les dans un récipient d'eau bouillante et laissez cuire 5 min.
- Égouttez puis mettez à tremper à l'eau froide pendant 2 jours en changeant l'eau 2 fois.
- Égouttez-les bien à nouveau ; pendant ce temps, réalisez un sirop dans les proportions de 1 kg de sucre et 25 cl d'eau pour 1 kg de noix vertes.
- Faites cuire ce sirop puis ajoutez les noix, le bâton de cannelle et laissez cuire à petit feu pendant 1 h en remuant et en vérifiant la densité de la confiture.
- Versez-la encore chaude dans les bocaux, fermez et laissez refroidir en les retournant sur les couvercles.

## Confiture de noix

*1 kg cerneaux de noix*
*550 g de sucre en poudre*
*50 cl d'eau*

- Pelez les cerneaux de noix ; pour cela, faites-les blanchir 3 min à l'eau bouillante, égouttez-les et retirez la peau qui les recouvre.
- Hachez les cerneaux finement pour les réduire en pâte.
- Dans une grande bassine, préparez un sirop avec l'eau et le sucre en poudre, faites bouillir à petit feu pendant 10 min, ajoutez enfin les cerneaux de noix hachés et laissez cuire jusqu'à obtention d'une confiture dense.
- Versez la confiture encore légèrement chaude dans des pots que vous fermerez hermétiquement et laisserez refroidir en les retournant sur le couvercle.

# Liqueur de brou de noix

Pour 1 litre d'eau-de-vie à 45°

*20 noix vertes*
*500 g de sucre en poudre*
*25 cl d'eau*

- Coupez en petits morceaux les 20 noix vertes que vous cueillez à la Saint-Jean, avant que le bois de la coquille ne soit formé.
- Placez-les à macérer avec l'eau-de-vie dans un grand bocal, bouchez et laissez reposer pendant 2 mois.
- Au bout de ce temps, filtrez le jus et remettez dans le bocal.
- Préparez un sirop en faisant cuire le sucre et l'eau, retirez au premier bouillon, laissez tiédir, versez dans le bocal avec l'alcool de macération, bouchez et laissez reposer à nouveau pendant 1 mois.
- Filtrez à nouveau, mettez en bouteille, bouchez, patientez encore 1 semaine et consommez… avec modération.

# Vin de noix

- Coupez en petits morceaux les 20 noix vertes que vous cueillez à la Saint-Jean, avant que le bois de la coquille ne soit formé.
- Placez-les dans un grand bocal de 3 litres et ajoutez le reste des ingrédients, bouchez et laissez reposer pendant 3 mois.
- Remuez de temps en temps.
- Filtrez et mettez en bouteille.

*2 litres de vin rouge*
*20 noix vertes*
*50 cl d'eau-de-vie à 45°*
*150 g de sucre en poudre*

# Vin de feuilles de noyer

- Laissez sécher les feuilles de noyer cueillies fin juin.
- Écrasez-les à la main, placez-les dans un bocal de 3 litres, ajoutez le reste des ingrédients, bouchez et laissez reposer au moins 2 mois.
- Remuez de temps en temps.
- Filtrez et mettez en bouteille.

*400 g de feuilles de noyer*
*1/2 litre d'eau-de-vie à 45°*
*2 litres de vin rouge*
*200 g de sucre en poudre*

# Vin de chatons de noyer

*40 chatons mûrs*
*1 litre d'eau-de-vie*
*5 litres de vin rosé ou rouge*
*800 g de sucre*
*1 bâton de vanille*

- Mettez les chatons à tremper dans l'eau-de-vie pendant 40 jours puis filtrez.
- Ajoutez le vin, le sucre et la vanille.

# Table des recettes

## Soupes et entrées



## Poissons

## Viandes



## Desserts



## Biscuits et confiseries



## Confitures et alcools

Remerciements
à Jean-Claude Pasquaud

MAQUETTE ET COMPOSITION : L'HYDRE ÉDITIONS
CET OUVRAGE A ÉTÉ ACHEVÉ D'IMPRIMER EN JUILLET 2008
SUR LES PRESSES DE COMPOSERVICES
À ANGOULEME

Dépôt légal : juillet 2008